# Redes privadas virtuales  PPTP y L2TP/IPsec en routers Cisco

## Por Guillermo Marqués

# Índice

# PPTP

PPTP fue la solución de Microsoft para crear redes privadas virtuales. Con su uso podemos disfrutar de ventajas y/o facilidades como: la multitud de protocolos que puede transportar. Con IPsec solo podíamos encapsular tráfico de red IP unicast. Y tan sólo usando como intermediario el protocolo GRE, y con IPsec funcionando en modo transporte, podíamos encapsular otros tipos de protocolos como IPX o tráfico multicast. Esto se debe a que PPTP usa PPP como protocolo de transporte. Este uso de PPP además nos permite usar la compresión MPPC y la autenticación de usuarios mediante PAP, CHAP y MS-CHAP. IPsec usa Xauth, pero esta solución aún no es un estándar; No es necesario instalar ningún tipo de cliente añadido para poder conectarte a esa red remota segura si es que tus terminales de cliente (PC's) usan el sistema operativo Windows.

La desventaja de PPTP es que su seguridad es más débil que la seguridad que nos permite IPsec.

En el funcionamiento de PPTP entran en juego tres entidades: PAC, PNS y el cliente remoto.

*PAC*: Es el terminador del túnel seguro que se encuentra en el lado del cliente remoto. Su función es encriptar y desencriptar la información que viaja por el túnel PPTP para que de esta forma se pueda liberar al cliente de esta carga. En la actualidad las funciones de LAC y cliente remoto pueden ser desarrolladas por el equipo del cliente.

*PNS*: Es la puerta de enlace segura que termina el otro extremo del túnel PPTP y lo conecta con la red privada a la que el cliente remoto quiere conectarse. También realiza las funciones de encriptación y autenticación del PAC y del cliente remoto.

*Cliente remoto*: Es un usuario de la red privada pero localizado físicamente fuera de ella. Este puede o bien, utilizar el PAC para conectarse a al PNS y por consiguiente a la red remota, o funcionar sin necesidad del PAC. Este cliente está corriendo Windows en su equipo.

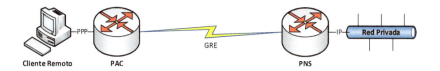

PPTP y L2TP por Guillermo Marqués

Para poder iniciarse y mantenerse el túnel PPTP se requiere de dos conexiones. Una TCP de control y la propia conexión segura que utiliza una versión especial de GRE que encapsula el tráfico PPP.

Este es el formato de la conexión de control

Para crear el túnel, el LAC o el PNS inicia una conexión TCP con puerto origen y destino 1723. Esta conexión de control se mantiene activa durante todo el tiempo que dure la conexión segura. Si se terminase esta conexión, también acabaría con ella la conexión segura. Esta conexión de control además de solicitar el inicio de la conexión, la mantiene mediante unos ecos. Cuando se quiere terminar la conexión segura también se solicita su cierre desde esta conexión de control.

Una vez se ha acordado el inicio de la conexión, empieza la negociación PPP. PPP pasa por cuatro etapas antes de estar operativo. La primera es LCP, en esta etapa el PAC y el PNS negocian el tipo de autenticación que van a usar, la activación de la compresión o el uso del "call back".

Cuando la fase LCP ha terminado con éxito, la conexión toma el estado de "open" y se inicia la fase de autenticación. PPP soporta cuatro tipos de autenticación: PAP, CHAP, MS-CHAPv1 y MS-CHAPv2. La autenticación PAP es la más básica y menos segura. En este modo el PAC y el PNS se envían en texto plano su nombre de usuario y contraseña. Estos mismos, usando sus bases de datos locales, o mediante un servidor AAA externo, comprueban si la password enviada es correcta para ese usuario. Tanto el PAC como el PNS tienen que conocer previamente el nombre de usuario y contraseña de los posibles usuarios válidos. El modo de autenticación CHAP es más seguro. Cando el PNS (o el PAC) recibe una llamada de petición, envía al causante de esa llamada un paquete que contiene su identificativo y un número creado aleatoriamente, a esto se le llama "desafío". La entidad que realizó la llamada lee del paquete desafío el identificativo del creador de este, y así busca la password que necesita usar para loguearse con él. Una vez encontrada, la hace pasar por una función MD5 junto con el número aleatorio recibido. Añade a esta información su nombre de usuario y se lo devuelve al remitente. El remitente (y lanzador del desafío) realiza los mismos pasos y compara los hash MD5, que han de ser iguales. Como puede observarse este método es mucho más seguro debido a que las password ni siquiera viajan por la red. MS-CHAP es una modificación de este último método. Este nos permite usar usuarios creados en un "Active Directory". Además durante el proceso de autenticación se crea una password que se podrá usar para encriptar el tráfico mediante MPPE. Esta password va cambiando a lo largo de la vida de la conexión. Es más, no podemos encriptar el tráfico que circula por la VPN PPTP si no usamos este tipo de autenticación.

La tercera etapa es Call back, que permite, una vez autenticadas las entidades de la conexión, cortar la comunicación para que el PNS llame al PAC y continuar la comunicación. Esto se da porque PPP es un protocolo pensado inicialmente para usarse en redes que requerían marcación, como RTB o ISDN. Con esto se aseguraba que era el verdadero PAC y no un farsante el que estaba tratando de conectarse, porque el PNS iba a marcar el número del PAC que el poseía en su agenda y así continuar con la sesión.

La última etapa es NCP. En esta etapa se negocian los parámetros del protocolo de capa 3 (red) que se va a transportar dentro de PPP. Como el protocolo más usado es IP, se inicia IPCP. En él se negocia por ejemplo la dirección IP que se le va a asignar al cliente remoto. Cando esta cuarta etapa termina satisfactoriamente, adquiere el estado de "Open" y entonces ya puede empezar la comunicación del cliente final con la red segura.

Esta es la estructura de un paquete ya encriptado

Como se puede observar, finalmente lo que viaja por la red son paquetes GRE que encapsulan PPP. Recordar que este protocolo GRE no es el mismo que se usaba para ser encapsulado en IPsec. Este tiene algunas diferencias.

## Configuración de PPTP

La configuración y puesta en marcha de PPTP en nuestro router es mucho más sencilla que la requerida por IPsec. Para configurar nuestro router como PNS necesitamos:

1.- Poner un hostname a nuestro router, crear un usuario del mismo nombre y los usuarios de los clientes remotos. Cuando llega la etapa de autenticación PPP, nuestro router utiliza su hostname como identidad, es por eso porque ese usuario tiene que existir. También ha de conocer los usuarios que van a conectarse a él para poder autenticarles. Esto podría ser de otra manera si usáramos un servidor AAA externo.

2.- Activar VPDN. Para ello usamos el comando *vpdn enable* dentro de la configuración general del router.

3.- Crear el grupo VPDN y prepararle para que acepte llamadas. Aquí es donde activamos PPTP. Con el comando *vpdn-group l2tp [nombre_grupo]* creamos el grupo VPDN. Dentro del grupo tenemos que preparar al router para que acepte llamadas y especificarle el protocolo PPTP, esto lo hacemos con *accept-dialin* y dentro de ahí *protocol pptp*. Cuando el router recibe una llamada necesita un interface virtual que es el que realiza la conexión con el PAC al otro extremo del túnel. Bien, para ello necesitamos crear un virtual-template que es de donde el router copia la configuración que usará para ese interface virtual. Por lo tanto necesitamos incluir también en la configuración del grupo vpdn que virtual-template vamos a escoger para que él pueda crear el virtual-interface. Esto lo hacemos añadiendo el comando *virtual-template [numero]*

4.- Crear un interface LoopBack. Necesitamos que los usuarios remotos adquieran una IP que esté presente en una red conectada al router. Por eso creamos un interface Loopback al que daremos una IP dentro de un rango que consideremos útil para el funcionamiento de nuestro sistema.

5.- Crear el virtual-template. Creamos el virtual template que va a usar el grupo vpdn. Para ello tecleamos *interface Virtual-Template [numero]* en el prompt de configuración general. Dentro de él tenemos que indicarle que adquirirá la dirección IP del interface LoopBack anteriormente creado con el comando *ip unnumbered Loopback [número]*. Además de eso necesitamos especificar la pool de IP's de la que los usuarios remotos adquirirán su IP con el comando *peer default ip address pool [nombre_pool]* y especificar el tipo de autenticación PPP que vamos a usar con *ppp authentication [chap|pap...]*.

6.- Por último creamos la anteriormente mencionada pool de IP's. *ip local pool [nombre_pool] [x.x.x.x x.x.x.x]*

La configuración entera tendría este aspecto:

*Inicio*

Building configuration...


Current configuration : 1252 bytes
!
version 12.4
service timestamps debug datetime msec
service timestamps log datetime msec
no service password-encryption
hostname pptp
no aaa new-model

```
ip cef
!
!
ip domain name dominio.com
vpdn enable
!
vpdn-group pptp
! Default PPTP VPDN group
 accept-dialin
  protocol pptp
  virtual-template 1
!
username guiller privilege 15 password 0 cisco
username pptp password 0 cisco
ip ssh version 2
!
interface Loopback400
 ip address 192.168.15.1 255.255.255.0
 !
interface FastEthernet0/0
 ip address 192.168.3.4 255.255.255.0
 speed auto
!
interface Virtual-Template1
 ip unnumbered Loopback400
 peer default ip address pool rem_pool
 ppp authentication chap
!
ip local pool rem_pool 192.168.15.2 192.168.15.10
ip forward-protocol nd
!
no ip http server
no ip http secure-server
!
control-plane
!
line con 0
line aux 0
line vty 0 4
 transport input ssh
!
End
```
*Fin*

### Debugging de PPTP

Ya que PPTP usa PPP como protocolo de transporte, vamos a usar el debug de PPP para diagnosticar los posibles problemas. Para ello activamos el debug *#debug ppp negotiation*. Dentro de toda la información que nos va mostrando el debug hay que prestar especial atención a las líneas que nos muestran el proceso de negociación. Estas tienen este formato:

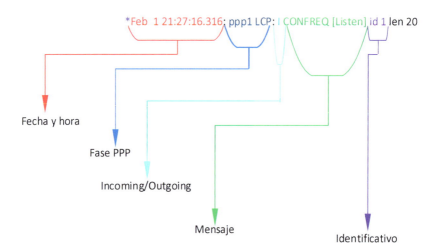

*Fase PPP:* Aquí podemos ver en qué etapa de la negociación nos encontramos. Estas etapas pueden ser LCP, CHAP, PAP (fase de autenticación), IPCP (fase NCP), PPP (mensajes generales informativos)

*Incoming/Outgoing:* La I indica que es un mensaje que recibimos y la O que es un mensaje que enviamos.

*Mensaje:* Aquí podemos ver las solicitudes y respuestas de la negociación. Dentro de ellas podemos encontrar los siguientes casos:

**CONFREQ:** Es una solicitud de configuración que especifica que opciones desea para esa conexión (fase LCP). Dentro de esas opciones solicitadas podemos encontrar estas:

**MRU (Maximun Recived Unit):** Especifica el tamaño máximo de los paquetes.

**MagicNumber:** Es un número aleatorio que envía para asegurarse que no hay un bucle.

**PFC:** Activa o desactiva la compresión de los campos de la cabecera del protocolo

**ACFC:** La estructura de PPP se basa en la de HDLC, por eso comparte dos campos que en HDLC eran necesarios y en PPP no. Estos campos son los de "Address" y "Control". Con ACFC (Address Control Field Compresion) evitamos enviar esos dos campos en cada frame.

**CallBack x:** Activa el call back y especifica el tipo. El tipo 0 es la versión normal PPP y el tipo 6 es el de Microsoft.

**AuthProto [Tipo]:** Solicita un tipo de protocolo de autenticación específico.

**CONFREJ:** Significa que algunas de las opciones solicitadas en la solicitud recibida no son aceptables o no las conoce. Con esta respuesta adjunta también las opciones que ha rechazado.

**CONFNAK:** Las opciones recibidas son correctas y conocidas mayormente, pero hay alguna que ha rechazado. Con esta respuesta el PAC o PNS adjuntará que opción aceptaría en lugar de la propuesta por el remitente.

**CONFACK:** El receptor acepta todas las opciones propuestas.

*Id:* Es el identificativo del mensaje. Cada respuesta hace referencia a que petición se refiere mediante este número.

Este es un ejemplo de debugging de una conexión satisfactoria:

```
pptp#deb ppp negotiation
PPP protocol negotiation debugging is on
pptp#
*Feb  1 21:37:32.202: ppp2 PPP: Send Message[Dynamic Bind Response]
*Feb  1 21:37:32.202: ppp2 PPP: Using vpn set call direction
*Feb  1 21:37:32.202: ppp2 PPP: Treating connection as a callin
*Feb  1 21:37:32.206: ppp2 PPP: Session handle[FD000004] Session id[2]
*Feb  1 21:37:32.206: ppp2 PPP: Phase is ESTABLISHING, Passive Open
```
*Se inicia la fase LCP.*
```
*Feb  1 21:37:32.206: ppp2 LCP: State is Listen
```
*Recibe una solicitud con id 0.*
```
*Feb  1 21:37:32.230: ppp2 LCP: I CONFREQ [Listen] id 0 len 21
*Feb  1 21:37:32.230: ppp2 LCP:    MRU 1400 (0x01040578)
*Feb  1 21:37:32.230: ppp2 LCP:    MagicNumber 0x66107FC4 (0x050666107FC4)
*Feb  1 21:37:32.230: ppp2 LCP:    PFC (0x0702)
```

*Feb  1 21:37:32.230: ppp2 LCP:    ACFC (0x0802)

*Feb  1 21:37:32.230: ppp2 LCP:    Callback 6  (0x0D0306)

*Nuestro router envía otra solicitud independiente con id 1.*

*Feb  1 21:37:32.234: ppp2 LCP: O CONFREQ [Listen] id 1 len 15

*Feb  1 21:37:32.234: ppp2 LCP:    AuthProto CHAP (0x0305C22305)

*Feb  1 21:37:32.234: ppp2 LCP:    MagicNumber 0x12544E1C (0x050612544E1C)

*Nuestro router rechaza la primera solicitud recibida (id 0) debido al requerimiento de Callback 6*

*Feb  1 21:37:32.234: ppp2 LCP: O CONFREJ [Listen] id 0 len 7

*Feb  1 21:37:32.234: ppp2 LCP:    Callback 6  (0x0D0306)

*El cliente que quiere conectarse a nuestro router (PAC) acepta la solicitud con Id 1*

*Feb  1 21:37:32.238: ppp2 LCP: I CONFACK [REQsent] id 1 len 15

*Feb  1 21:37:32.238: ppp2 LCP:    AuthProto CHAP (0x0305C22305)

*Feb  1 21:37:32.238: ppp2 LCP:    MagicNumber 0x12544E1C (0x050612544E1C)

*Recibimos otra solicitud con id1*

*Feb  1 21:37:32.238: ppp2 LCP: I CONFREQ [ACKrcvd] id 1 len 18

*Feb  1 21:37:32.238: ppp2 LCP:    MRU 1400 (0x01040578)

*Feb  1 21:37:32.238: ppp2 LCP:    MagicNumber 0x66107FC4 (0x050666107FC4)

*Feb  1 21:37:32.238: ppp2 LCP:    PFC (0x0702)

*Feb  1 21:37:32.242: ppp2 LCP:    ACFC (0x0802)

*Nuestro router rechaza esta solicitud con id 1 debido al MRU. Nuestro router aceptaría 1500 en lugar de 1400*

*Feb  1 21:37:32.242: ppp2 LCP: O CONFNAK [ACKrcvd] id 1 len 8

*Feb  1 21:37:32.242: ppp2 LCP:    MRU 1500 (0x010405DC)

*Recibimos otra solicitud de opciones con id 2*

*Feb  1 21:37:32.242: ppp2 LCP: I CONFREQ [ACKrcvd] id 2 len 18

*Feb  1 21:37:32.242: ppp2 LCP:    MRU 1400 (0x01040578)

*Feb  1 21:37:32.242: ppp2 LCP:    MagicNumber 0x66107FC4 (0x050666107FC4)

*Feb  1 21:37:32.246: ppp2 LCP:    PFC (0x0702)

*Feb  1 21:37:32.246: ppp2 LCP:    ACFC (0x0802)

*Es rechazada por el mismo motivo. MRU no es igual a  1500*

*Feb  1 21:37:32.246: ppp2 LCP: O CONFNAK [ACKrcvd] id 2 len 8

*Feb  1 21:37:32.246: ppp2 LCP:    MRU 1500 (0x010405DC)

*Otra nueva solicitud Id3*

*Feb  1 21:37:32.246: ppp2 LCP: I CONFREQ [ACKrcvd] id 3 len 18

*Feb  1 21:37:32.246: ppp2 LCP:    MRU 1500 (0x010405DC)

*Feb  1 21:37:32.250: ppp2 LCP:    MagicNumber 0x66107FC4 (0x050666107FC4)

*Feb  1 21:37:32.250: ppp2 LCP:    PFC (0x0702)

*Feb  1 21:37:32.250: ppp2 LCP:    ACFC (0x0802)

*Nuestro router acepta los términos de la solicitud con id3*

*Feb  1 21:37:32.250: ppp2 LCP: O CONFACK [ACKrcvd] id 3 len 18
*Feb  1 21:37:32.250: ppp2 LCP:   MRU 1500 (0x010405DC)
*Feb  1 21:37:32.250: ppp2 LCP:   MagicNumber 0x66107FC4 (0x050666107FC4)
*Feb  1 21:37:32.250: ppp2 LCP:   PFC (0x0702)
*Feb  1 21:37:32.250: ppp2 LCP:   ACFC (0x0802)

*La fase LCP ha terminado satisfactoriamente. Fijaros que las solicitudes aceptadas dejan de negociarse, pero siguen vigentes en el acuerdo final. Es decir El cliente aceptó primero la autenticación CHAP, después de eso han ido negociando y aceptando otras opciones como el MRU o el ACFC...*

*Feb  1 21:37:32.250: ppp2 LCP: State is Open

*Se inicia la fase de autenticación.*

*Feb  1 21:37:32.250: ppp2 PPP: Phase is AUTHENTICATING, by this end

Enviamos el "reto" de autenticación CHAP

*Feb  1 21:37:32.254: ppp2 CHAP: O CHALLENGE id 1 len 25 from "l2tp"
*Feb  1 21:37:32.258: ppp2 LCP: I IDENTIFY [Open] id 4 len 18 magic 0x66107FC4 MSRASV5.20
*Feb  1 21:37:32.258: ppp2 LCP: I IDENTIFY [Open] id 5 len 28 magic 0x66107FC4 MSRAS-0-GUILLER_PORT
*Feb  1 21:37:32.258: ppp2 LCP: I IDENTIFY [Open] id 6 len 24 magic 0x66107FC4 Mpv?E1LHQcrb%K&s

*Recibimos la respuesta al "reto" de autenticación desde el usuario guiller*

*Feb  1 21:37:32.258: ppp2 CHAP: I RESPONSE id 1 len 28 from "guiller"
*Feb  1 21:37:32.258: ppp2 PPP: Phase is FORWARDING, Attempting Forward
*Feb  1 21:37:32.262: ppp2 PPP: Phase is AUTHENTICATING, Unauthenticated User
*Feb  1 21:37:32.262: ppp2 PPP: Phase is FORWARDING, Attempting Forward
*Feb  1 21:37:32.266: ppp2 PPP: Send Message[Connect Local]
*Feb  1 21:37:32.270: ppp2 PPP: Bind to [Virtual-Access2.1]
*Feb  1 21:37:32.270: Vi2.1 PPP: Send Message[Static Bind Response]
*Feb  1 21:37:32.274: Vi2.1 PPP: Phase is AUTHENTICATING, Authenticated User

*Autenticación terminada con éxito*

*Feb  1 21:37:32.278: Vi2.1 CHAP: O SUCCESS id 1 len 4

*Se inicia la fase NCP*

*Feb  1 21:37:32.278: Vi2.1 PPP: Phase is UP

Enviamos una solicitud en la que especificamos la IP que recibiría el cliente.

*Feb  1 21:37:32.278: Vi2.1 IPCP: O CONFREQ [Closed] id 1 len 10
*Feb  1 21:37:32.282: Vi2.1 IPCP:   Address 192.168.15.1 (0x0306C0A80F01)
*Feb  1 21:37:32.282: Vi2.1 PPP: Process pending ncp packets

*Recibimos una solicitud de Ipv6*

*Feb  1 21:37:32.286: Vi2.1 IPV6CP: I CONFREQ [Not negotiated] id 7 len 14

*Feb 1 21:37:32.290: Vi2.1 IPV6CP: Interface-Id 1808:AA88:6BB8:F28C (0x010A1808AA886BB8F28C)

*Informamos de que no aceptamos Ipv6*
*Feb 1 21:37:32.290: Vi2.1 LCP: O PROTREJ [Open] id 2 len 20 protocol IPV6CP (0x80570107000E010A1808AA886BB8F28C)

*Recibimos una solicitud Ipv4*
*Feb 1 21:37:32.290: Vi2.1 IPCP: I CONFREQ [REQsent] id 8 len 34
*Feb 1 21:37:32.290: Vi2.1 IPCP:    Address 0.0.0.0 (0x030600000000)
*Feb 1 21:37:32.290: Vi2.1 IPCP:    PrimaryDNS 0.0.0.0 (0x810600000000)
*Feb 1 21:37:32.290: Vi2.1 IPCP:    PrimaryWINS 0.0.0.0 (0x820600000000)
*Feb 1 21:37:32.290: Vi2.1 IPCP:    SecondaryDNS 0.0.0.0 (0x830600000000)
*Feb 1 21:37:32.294: Vi2.1 IPCP:    SecondaryWINS 0.0.0.0 (0x840600000000)
*Feb 1 21:37:32.294: Vi2.1 AAA/AUTHOR/IPCP: Start.  Her address 0.0.0.0, we want 0.0.0.0
*Feb 1 21:37:32.294: Vi2.1 AAA/AUTHOR/IPCP: Done.  Her address 0.0.0.0, we want 0.0.0.0

*La pool de IP´s nos libera esta dirección IP*
*Feb 1 21:37:32.294: Vi2.1 IPCP: Pool returned 192.168.15.2

*Rechazamos la solicitud IPv4 debido a que nos piden información de DNS y WINS*
*Feb 1 21:37:32.294: Vi2.1 IPCP: O CONFREJ [REQsent] id 8 len 28
*Feb 1 21:37:32.294: Vi2.1 IPCP:    PrimaryDNS 0.0.0.0 (0x810600000000)
*Feb 1 21:37:32.294: Vi2.1 IPCP:    PrimaryWINS 0.0.0.0 (0x820600000000)
*Feb 1 21:37:32.294: Vi2.1 IPCP:    SecondaryDNS 0.0.0.0 (0x830600000000)
*Feb 1 21:37:32.298: Vi2.1 IPCP:    SecondaryWINS 0.0.0.0 (0x840600000000)

*El cliente acepta la IPv4 que le sugerimos al principio en la solicitud id 1*
*Feb 1 21:37:32.298: Vi2.1 IPCP: I CONFACK [REQsent] id 1 len 10
*Feb 1 21:37:32.298: Vi2.1 IPCP:    Address 192.168.15.1 (0x0306C0A80F01)
*Feb 1 21:37:32.302: Vi2.1 IPCP: I CONFREQ [ACKrcvd] id 9 len 10
*Feb 1 21:37:32.302: Vi2.1 IPCP:    Address 0.0.0.0 (0x030600000000)
*Feb 1 21:37:32.302: Vi2.1 IPCP: O CONFNAK [ACKrcvd] id 9 len 10
*Feb 1 21:37:32.302: Vi2.1 IPCP:    Address 192.168.15.2 (0x0306C0A80F02)
*Feb 1 21:37:32.306: Vi2.1 IPCP: I CONFREQ [ACKrcvd] id 10 len 10
*Feb 1 21:37:32.306: Vi2.1 IPCP:    Address 192.168.15.2 (0x0306C0A80F02)

*Finalmente el cliente acepta la IP 192.168.15.2. Con esto termina la última fase PPP y se crea una rota para esa IP que está conectada en la Virtual-interface*
*Feb 1 21:37:32.306: Vi2.1 IPCP: O CONFACK [ACKrcvd] id 10 len 10
*Feb 1 21:37:32.306: Vi2.1 IPCP:    Address 192.168.15.2 (0x0306C0A80F02)
*Feb 1 21:37:32.306: Vi2.1 IPCP: State is Open
*Feb 1 21:37:32.310: Vi2.1 IPCP: Install route to 192.168.15.2

# L2TP/IPsec

L2TP/IPsec es una mezcla entre PPTP y L2F. Utiliza el transporte y autenticación de usuarios de PPP y la seguridad de IPsec. Al igual que en PPTP en L2TP intervienen las mismas entidades, pero en este caso cambian su nombre de PNS a LNS y de PAC a LAC.

Existen dos tipos de túneles: Voluntarios (Voluntary) y Obligados (Compulsory). En el primer caso, el LAC y el cliente remoto están localizados en un PC. Es decir que el cliente se conecta directamente al LNS con un software de su PC. En el segundo caso el LAC es un dispositivo externo al PC del cliente y este es el encargado de iniciar el túnel contra el LNS.

A diferencia de PPTP, que usaba dos conexiones simultaneas para funcionar (una TCP de control y otra GRE de transporte de datos), L2TP usa una única conexión sobre la que viaja la información de control y los datos del cliente. Esta conexión usa el protocolo UDP con puerto origen y destino iguales a 1701. Pero como dijimos antes L2TP/IPsec usa la seguridad de IPsec, y esto requiere que antes de establecerse ninguna comunicación a nivel L2TP se construya la conexión IPsec entre el LAC y el LNS. Esta conexión segura tiene que trabajar en modo transporte. Una vez establecida esta conexión segura, los paquetes UDP que transportan los mensajes de control L2TP y los datos de cliente encapsulados en PPP estarán encapsulados a su vez en paquetes IPsec. Este es la representación de un paquete de control L2TP/IPsec:

Esta es la representación de un paquete que contiene información de cliente:

| Cabecera IP | Cabecera ESP | Cabecera UDP | Cabecera L2TP | Cabecera PPP | PayLoad |
|---|---|---|---|---|---|

Si capturásemos el tráfico generado por una conexión L2TP/IPsec desde el principio, solo podríamos observar el inicio la negociación y creación de las SA´s ISAKMP y posteriormente el tráfico ESP. No podríamos ver nada más porque estaría encriptado dentro del transporte de ESP

## Configuración de L2TP/IPsec

Vamos a crear una configuración para un router Cisco que actuará como LNS. Nuestro LAC y a su vez cliente remoto será un PC Windows 8.1, en el que crearemos una conexión tipo L2TP/IPsec. (No explicaré ampliamente la configuración necesaria de IPsec. La información relativa a esta puedes encontrarla en mi otro libro "IPsec y Redes Privadas Virtuales")

1.- Lo primero de todo es preparar al router para poder establecer la conexión IPsec. Empezamos creando las pólizas ISAKMP que se usan en la fase 1 de la creación de las SA's (Security Association), y una clave estática que se usará para la autenticación IPsec de los dispositivos. Podemos usar otros tipos de autenticación como claves asimétricas y certificados X.509, pero en este caso vamos a optar por la opción más sencilla.

*Creación de la clave estática*
crypto isakmp key counter address 0.0.0.0 0.0.0.0

*Creación de las políticas ISAKPM. Usamos encriptación 3DES, DH grupo 2 y autenticación preshared key*
crypto isakmp policy 1
 encr 3des
 authentication pre-share
 group 2

2.- Crear el Transform-set que definirá las políticas de seguridad de la fase 2 y el modo ESP transporte.

*Usamos encriptación ESP 3DES y la función Hash SH1, que es lo que que acepta el cliente de Windows 8.1*
crypto ipsec transform-set l2tran esp-3des esp-sha-hmac
 mode transport

3.- Creamos el mapa dinámico que incluirá el Transform-set credo previamente. Creamos un mapa dinámico porque el usuario remoto puede conectarse desde localidades distintas y desconocidas, por lo que nunca sabemos su dirección IP. Tampoco añadimos la lista de acceso para Split tunneling porque todo el tráfico ESP va dirigido al LAC y además el cliente no soporta esta característica por lo que rechazaría la conexión.

```
crypto dynamic-map l2dyn 10
 set transform-set l2tran
```

4.- Creamos el mapa estático enlazado al mapa dinámico y lo incluimos en el interface del router que recibirá esas conexiones L2TP

*Mapa estático*
```
crypto map l2est 99 ipsec-isakmp dynamic l2dyn
```

*Incluimos el crypto-map en el interface*
```
crypto map l2est
```

5.- La configuración de la parte IPsec está terminada, ahora empezamos con la de L2TP que es muy similar (casi idéntica) a la de PPTP. Al igual que con PPTP necesitamos crear nuestra base de usuarios. Uno de ellos debe de coincidir con el hostname de nuestro router.

*Creamos el hostname*
```
hostname l2tp
```

*Base de datos de usuarios*
```
username guiller privilege 15 password 0 counter
username l2tp password 0 counter
```

6.- Posteriormente activamos VPDN y creamos el grupo VPDN en el que usaremos el protocolo L2TP aceptando llamadas. También desactivaremos la autenticación de túnel L2TP. Esto se debe a que ya usamos la autenticación IPsec. En este mismo grupo especificamos también el Virtual-template de donde clonará la configuración para el Virtual-interface que se creará.

*Activación de VPDN*
```
vpdn enable
```

*Creación del grupo VPDN*
```
vpdn-group l2tp
! Default L2TP VPDN group
 accept-dialin
  protocol l2tp
  virtual-template 1
 no l2tp tunnel authentication
```

7.- Creamos el interface Loopback del cual adquirirá la IP el Virtual-interface.

interface Loopback400
 ip address 192.168.15.1 255.255.255.0

8.- Creamos el Virtual-template. En el configuramos autenticación CHAP y especificamos la pool de donde los clientes remotos adquieren la IP. Su propia IP la adquiere del interface Loopback previamente creado.

interface Virtual-Template1
 ip unnumbered Loopback400
 peer default ip address pool rem_pool
 ppp authentication chap

9.- Creamos la pool de IP´s

ip local pool rem_pool 192.168.15.2 192.168.15.10

Con esto nuestro router estaría listo para aceptar conexiones seguras L2TP/IPsec. La configuración tendría este aspecto:

*Inicio*
Building configuration...

Current configuration : 1705 bytes
!
version 12.4
service timestamps debug datetime msec
service timestamps log datetime msec
no service password-encryption
!
hostname l2tp
!
no aaa new-model
ip cef
!
vpdn enable
!
vpdn-group l2tp
! Default L2TP VPDN group

```
accept-dialin
 protocol l2tp
 virtual-template 1
 no l2tp tunnel authentication
!

username guiller privilege 15 password 0 counter
username l2tp password 0 counter
!
ip ssh version 2
!
crypto isakmp policy 1
 encr 3des
 authentication pre-share
 group 2
crypto isakmp key counter address 0.0.0.0 0.0.0.0
!
crypto ipsec transform-set l2tran esp-3des esp-sha-hmac
 mode transport
!
crypto dynamic-map l2dyn 10
 set transform-set l2tran
!
crypto map l2est 99 ipsec-isakmp dynamic l2dyn
!
interface Loopback400
 ip address 192.168.15.1 255.255.255.0
!
interface FastEthernet0/0
 ip address 192.168.3.4 255.255.255.0
 speed auto
 crypto map l2est
!
interface Virtual-Template1
 ip unnumbered Loopback400
 peer default ip address pool rem_pool
 ppp authentication chap
!
ip local pool rem_pool 192.168.15.2 192.168.15.10
ip forward-protocol nd
```

```
no ip http server
no ip http secure-server
!
line con 0
line aux 0
line vty 0 4
 password counter
 login
 transport input ssh
!
End
```
*Fin*

Esta configuración puede presentarnos un problema en el caso que dos usuarios de una misma red local, pero bajo la misma IP global (mediante NAT), quieran iniciar una sesión contra nuestro LNS. Estando conectado el usuario 1 todo el tráfico UDP con puerto origen y destino 1701 ha de circular por la misma Security Association (solo existe una). Al conectarse el usuario 2 conseguimos que el usuario 1 deje de recibir tráfico y por lo tanto termine su sesión. Esto se debe a que el router al desencapsular el paquete ESP  encuentra un paquete UDP con puerto origen y destino (1701) idénticos a las de la sesión del usuario 1, y envía las respuestas a través de la última SA por la que recibe información. Esto puede solucionarse si dentro del crypto-map dinámico añadimos el comando *set nat demux.* De esta manera el router modifica temporalmente el puerto de los paquetes UDP que recibe para poder identificar a que SA pertenece cada uno. Cuando ha de devolver un paquete a un cliente remoto, identifica la SA correspondiente mediante el puerto del paquete UDP. Una vez identificada la SA y antes de enviar el paquete, vuelve a cambiar el puerto del paquete UDP a 1701.

### Debugging de L2TP/IPsec

Debido a que primero se ha de crear la conexión IPsec, y a que L2TP usa PPP también como protocolo de transporte, activamos los debugging de ISAKMP y PPP Negotiation. Este es un ejemplo de debugging de una conexión L2TP satisfactoria:

```
l2tp#deb cry isakmp
Crypto ISAKMP debugging is on
l2tp#deb ppp negotiation
PPP protocol negotiation debugging is on
l2tp#
```

*Nuestro router recibe la solicitud de conexión*
*Feb  1 22:49:43.777: ISAKMP (0:0): received packet from 192.168.3.10 dport 500 sport 500 Global (N) NEW SA
*Feb 1 22:49:43.777: ISAKMP: Created a peer struct for 192.168.3.10, peer port 500
*Feb  1 22:49:43.777: ISAKMP: New peer created peer = 0x83F96024 peer_handle = 0x80000003
*Feb  1 22:49:43.777: ISAKMP: Locking peer struct 0x83F96024, IKE refcount 1 for crypto_isakmp_process_block
*Feb 1 22:49:43.777: ISAKMP: local port 500, remote port 500
*Feb 1 22:49:43.777: ISAKMP: Find a dup sa in the avl tree during calling isadb_insert sa = 8331D1B0

*Se negocia Main Mode*
*Feb    1  22:49:43.781:  ISAKMP:(0:0:N/A:0):Input  =  IKE_MESG_FROM_PEER, IKE_MM_EXCH
*Feb   1  22:49:43.781:  ISAKMP:(0:0:N/A:0):Old State = IKE_READY   New State = IKE_R_MM1

*Feb 1 22:49:43.781: ISAKMP:(0:0:N/A:0): processing SA payload. message ID = 0
*Feb 1 22:49:43.781: ISAKMP:(0:0:N/A:0): processing vendor id payload
*Feb  1 22:49:43.781: ISAKMP:(0:0:N/A:0): vendor ID seems Unity/DPD but major 42 mismatch
*Feb 1 22:49:43.785: ISAKMP:(0:0:N/A:0): processing vendor id payload
*Feb  1 22:49:43.785: ISAKMP:(0:0:N/A:0): vendor ID seems Unity/DPD but major 228 mismatch
*Feb 1 22:49:43.785: ISAKMP:(0:0:N/A:0): processing vendor id payload
*Feb  1 22:49:43.785: ISAKMP:(0:0:N/A:0): vendor ID seems Unity/DPD but major 69 mismatch
*Feb 1 22:49:43.785: ISAKMP:(0:0:N/A:0): processing vendor id payload

*Feb  1 22:49:43.785: ISAKMP:(0:0:N/A:0): vendor ID seems Unity/DPD but major 123 mismatch
*Feb  1 22:49:43.785: ISAKMP:(0:0:N/A:0): vendor ID is NAT-T v2
*Feb  1 22:49:43.785: ISAKMP:(0:0:N/A:0): processing vendor id payload
*Feb  1 22:49:43.785: ISAKMP:(0:0:N/A:0): vendor ID seems Unity/DPD but major 194 mismatch
*Feb  1 22:49:43.789: ISAKMP:(0:0:N/A:0): processing vendor id payload
*Feb  1 22:49:43.789: ISAKMP:(0:0:N/A:0): vendor ID seems Unity/DPD but major 241 mismatch
*Feb  1 22:49:43.789: ISAKMP:(0:0:N/A:0): processing vendor id payload
*Feb  1 22:49:43.789: ISAKMP:(0:0:N/A:0): vendor ID seems Unity/DPD but major 184 mismatch
*Feb  1 22:49:43.789: ISAKMP:(0:0:N/A:0): processing vendor id payload
*Feb  1 22:49:43.789: ISAKMP:(0:0:N/A:0): vendor ID seems Unity/DPD but major 134 mismatch

*Encuentra una clave para autenticarse con el cliente*
*Feb   1 22:49:43.789: ISAKMP:(0:0:N/A:0):found peer pre-shared key matching 192.168.3.10
*Feb  1 22:49:43.789: ISAKMP:(0:0:N/A:0): local preshared key found
*Feb  1 22:49:43.789: ISAKMP : Scanning profiles for xauth ...

Inicia la negociación de las políticas ISAKMP
*Feb   1 22:49:43.793: ISAKMP:(0:0:N/A:0):Checking ISAKMP transform 1 against priority 1 policy
*Feb  1 22:49:43.793: ISAKMP:     encryption AES-CBC
*Feb  1 22:49:43.793: ISAKMP:     keylength of 256
*Feb  1 22:49:43.793: ISAKMP:     hash SHA
*Feb  1 22:49:43.793: ISAKMP:     unknown DH group 20
*Feb  1 22:49:43.793: ISAKMP:     auth pre-share
*Feb  1 22:49:43.793: ISAKMP:     life type in seconds
*Feb  1 22:49:43.793: ISAKMP:     life duration (VPI) of  0x0 0x0 0x70 0x80
*Feb   1 22:49:43.793: ISAKMP:(0:0:N/A:0):Encryption algorithm offered does not match policy!
*Feb  1 22:49:43.793: ISAKMP:(0:0:N/A:0):atts are not acceptable. Next payload is 3
*Feb   1 22:49:43.793: ISAKMP:(0:0:N/A:0):Checking ISAKMP transform 2 against priority 1 policy
*Feb  1 22:49:43.793: ISAKMP:     encryption AES-CBC
*Feb  1 22:49:43.793: ISAKMP:     keylength of 128
*Feb  1 22:49:43.793: ISAKMP:     hash SHA

*Feb 1 22:49:43.797: ISAKMP:       unknown DH group 19
*Feb 1 22:49:43.797: ISAKMP:       auth pre-share
*Feb 1 22:49:43.797: ISAKMP:       life type in seconds
*Feb 1 22:49:43.797: ISAKMP:       life duration (VPI) of 0x0 0x0 0x70 0x80
*Feb 1 22:49:43.797: ISAKMP:(0:0:N/A:0):Encryption algorithm offered does not match policy!
*Feb 1 22:49:43.797: ISAKMP:(0:0:N/A:0):atts are not acceptable. Next payload is 3
*Feb 1 22:49:43.797: ISAKMP:(0:0:N/A:0):Checking ISAKMP transform 3 against priority 1 policy
*Feb 1 22:49:43.797: ISAKMP:       encryption AES-CBC
*Feb 1 22:49:43.797: ISAKMP:       keylength of 256
*Feb 1 22:49:43.797: ISAKMP:       hash SHA
*Feb 1 22:49:43.797: ISAKMP:       unknown DH group 14
*Feb 1 22:49:43.797: ISAKMP:       auth pre-share
*Feb 1 22:49:43.797: ISAKMP:       life type in seconds
*Feb 1 22:49:43.797: ISAKMP:       life duration (VPI) of 0x0 0x0 0x70 0x80
*Feb 1 22:49:43.801: ISAKMP:(0:0:N/A:0):Encryption algorithm offered does not match policy!
*Feb 1 22:49:43.801: ISAKMP:(0:0:N/A:0):atts are not acceptable. Next payload is 3
*Feb 1 22:49:43.801: ISAKMP:(0:0:N/A:0):Checking ISAKMP transform 4 against priority 1 policy
*Feb 1 22:49:43.801: ISAKMP:       encryption 3DES-CBC
*Feb 1 22:49:43.801: ISAKMP:       hash SHA
*Feb 1 22:49:43.801: ISAKMP:       unknown DH group 14
*Feb 1 22:49:43.801: ISAKMP:       auth pre-share
*Feb 1 22:49:43.801: ISAKMP:       life type in seconds
*Feb 1 22:49:43.801: ISAKMP:       life duration (VPI) of 0x0 0x0 0x70 0x80
*Feb 1 22:49:43.801: ISAKMP:(0:0:N/A:0):Diffie-Hellman group offered does not match policy!
*Feb 1 22:49:43.801: ISAKMP:(0:0:N/A:0):atts are not acceptable. Next payload is 3
*Feb 1 22:49:43.801: ISAKMP:(0:0:N/A:0):Checking ISAKMP transform 5 against priority 1 policy

*Encuentra una política común con el cliente.*
*Feb 1 22:49:43.805: ISAKMP:       encryption 3DES-CBC
*Feb 1 22:49:43.805: ISAKMP:       hash SHA
*Feb 1 22:49:43.805: ISAKMP:       default group 2
*Feb 1 22:49:43.805: ISAKMP:       auth pre-share
*Feb 1 22:49:43.805: ISAKMP:       life type in seconds
*Feb 1 22:49:43.805: ISAKMP:       life duration (VPI) of 0x0 0x0 0x70 0x80

*Feb  1 22:49:43.805: ISAKMP:(0:0:N/A:0):atts are acceptable. Next payload is 0
*Feb  1 22:49:43.922: ISAKMP:(0:2:SW:1): processing vendor id payload
*Feb  1 22:49:43.922: ISAKMP:(0:2:SW:1): vendor ID seems Unity/DPD but major 42 mismatch
*Feb  1 22:49:43.922: ISAKMP:(0:2:SW:1): processing vendor id payload
*Feb  1 22:49:43.922: ISAKMP:(0:2:SW:1): vendor ID seems Unity/DPD but major 228 mismatch
*Feb  1 22:49:43.922: ISAKMP:(0:2:SW:1): processing vendor id payload
*Feb  1 22:49:43.922: ISAKMP:(0:2:SW:1): vendor ID seems Unity/DPD but major 69 mismatch
*Feb  1 22:49:43.922: ISAKMP:(0:2:SW:1): processing vendor id payload
*Feb  1 22:49:43.922: ISAKMP:(0:2:SW:1): vendor ID seems Unity/DPD but major 123 mismatch
*Feb  1 22:49:43.922: ISAKMP:(0:2:SW:1): vendor ID is NAT-T v2
*Feb  1 22:49:43.926: ISAKMP:(0:2:SW:1): processing vendor id payload
*Feb  1 22:49:43.926: ISAKMP:(0:2:SW:1): vendor ID seems Unity/DPD but major 194 mismatch
*Feb  1 22:49:43.926: ISAKMP:(0:2:SW:1): processing vendor id payload
*Feb  1 22:49:43.926: ISAKMP:(0:2:SW:1): vendor ID seems Unity/DPD but major 241 mismatch
*Feb  1 22:49:43.926: ISAKMP:(0:2:SW:1): processing vendor id payload
*Feb  1 22:49:43.926: ISAKMP:(0:2:SW:1): vendor ID seems Unity/DPD but major 184 mismatch
*Feb  1 22:49:43.926: ISAKMP:(0:2:SW:1): processing vendor id payload
*Feb  1 22:49:43.930: ISAKMP:(0:2:SW:1): vendor ID seems Unity/DPD but major 134 mismatch
*Feb   1   22:49:43.930:   ISAKMP:(0:2:SW:1):Input   =   IKE_MESG_INTERNAL, IKE_PROCESS_MAIN_MODE
*Feb  1 22:49:43.930: ISAKMP:(0:2:SW:1):Old State = IKE_R_MM1   New State = IKE_R_MM1

*Feb  1 22:49:43.934: ISAKMP:(0:2:SW:1): constructed NAT-T vendor-02 ID
*Feb  1 22:49:43.934: ISAKMP:(0:2:SW:1): sending packet to 192.168.3.10 my_port 500 peer_port 500 (R) MM_SA_SETUP
*Feb   1   22:49:43.938:   ISAKMP:(0:2:SW:1):Input   =   IKE_MESG_INTERNAL, IKE_PROCESS_COMPLETE
*Feb  1 22:49:43.938: ISAKMP:(0:2:SW:1):Old State = IKE_R_MM1   New State = IKE_R_MM2

*Feb   1  22:49:44.006:  ISAKMP  (0:134217730):  received  packet  from  192.168.3.10 dport 500 sport 500 Global (R) MM_SA_SETUP

*Se inicia el intercambio de claves para la autenticación*
*Feb     1   22:49:44.006:    ISAKMP:(0:2:SW:1):Input   =   IKE_MESG_FROM_PEER, IKE_MM_EXCH
*Feb   1  22:49:44.010:  ISAKMP:(0:2:SW:1):Old  State  =  IKE_R_MM2    New State = IKE_R_MM3

*Feb  1 22:49:44.010: ISAKMP:(0:2:SW:1): processing KE payload. message ID = 0
*Feb  1 22:49:44.150: ISAKMP:(0:2:SW:1): processing NONCE payload. message ID = 0
*Feb    1   22:49:44.162:   ISAKMP:(0:2:SW:1):found   peer   pre-shared   key   matching 192.168.3.10
*Feb  1 22:49:44.162: ISAKMP:(0:2:SW:1):SKEYID state generated
*Feb  1 22:49:44.162: ISAKMP:received payload type 20
*Feb  1 22:49:44.162: ISAKMP:received payload type 20
*Feb     1   22:49:44.166:   ISAKMP:(0:2:SW:1):Input   =   IKE_MESG_INTERNAL, IKE_PROCESS_MAIN_MODE
*Feb   1  22:49:44.166:  ISAKMP:(0:2:SW:1):Old  State  =  IKE_R_MM3    New State = IKE_R_MM3

*Feb  1 22:49:44.166: ISAKMP:(0:2:SW:1): sending packet to 192.168.3.10 my_port 500 peer_port 500 (R) MM_KEY_EXCH
*Feb     1   22:49:44.170:   ISAKMP:(0:2:SW:1):Input   =   IKE_MESG_INTERNAL, IKE_PROCESS_COMPLETE
*Feb   1  22:49:44.170:  ISAKMP:(0:2:SW:1):Old  State  =  IKE_R_MM3    New State = IKE_R_MM4

*Feb   1  22:49:44.198:  ISAKMP  (0:134217730):  received  packet  from  192.168.3.10 dport 500 sport 500 Global (R) MM_KEY_EXCH
*Feb     1   22:49:44.202:   ISAKMP:(0:2:SW:1):Input   =   IKE_MESG_FROM_PEER, IKE_MM_EXCH
*Feb   1  22:49:44.202:  ISAKMP:(0:2:SW:1):Old  State  =  IKE_R_MM4    New State = IKE_R_MM5

*Feb  1 22:49:44.202: ISAKMP:(0:2:SW:1): processing ID payload. message ID = 0
*Feb  1 22:49:44.202: ISAKMP (0:134217730): ID payload
    next-payload : 8
    type     : 1
    address    : 192.168.3.10

```
protocol   : 0
port       : 0
length     : 12
```
*Feb 1 22:49:44.206: ISAKMP:(0:2:SW:1):: peer matches *none* of the profiles
*Feb 1 22:49:44.206: ISAKMP:(0:2:SW:1): processing HASH payload. message ID = 0

*EL router y el PC cliente ya están autenticados*
*Feb 1 22:49:44.206: ISAKMP:(0:2:SW:1):SA authentication status:
    authenticated
*Feb   1  22:49:44.206:  ISAKMP:(0:2:SW:1):SA has been  authenticated  with
192.168.3.10
*Feb 1 22:49:44.206: ISAKMP: Trying to insert a peer 192.168.3.4/192.168.3.10/500/,
and inserted successfully 83F96024.
*Feb   1  22:49:44.210:   ISAKMP:(0:2:SW:1):Input   =   IKE_MESG_INTERNAL,
IKE_PROCESS_MAIN_MODE
*Feb  1 22:49:44.210: ISAKMP:(0:2:SW:1):Old State = IKE_R_MM5  New State =
IKE_R_MM5

*Feb  1 22:49:44.210: ISAKMP:(0:2:SW:1):SA is doing pre-shared key authentication
using id type ID_IPV4_ADDR
*Feb 1 22:49:44.210: ISAKMP (0:134217730): ID payload
    next-payload : 8
    type       : 1
    address    : 192.168.3.4
    protocol   : 17
    port       : 500
    length     : 12
*Feb 1 22:49:44.214: ISAKMP:(0:2:SW:1):Total payload length: 12
*Feb 1 22:49:44.214: ISAKMP:(0:2:SW:1): sending packet to 192.168.3.10 my_port 500
peer_port 500 (R) MM_KEY_EXCH
*Feb   1  22:49:44.214:   ISAKMP:(0:2:SW:1):Input   =   IKE_MESG_INTERNAL,
IKE_PROCESS_COMPLETE

*Se termina la fase 1 y se inicia la 2*
*Feb  1 22:49:44.218: ISAKMP:(0:2:SW:1):Old State = IKE_R_MM5  New State =
IKE_P1_COMPLETE

*Feb     1   22:49:44.218:   ISAKMP:(0:2:SW:1):Input   =   IKE_MESG_INTERNAL,
IKE_PHASE1_COMPLETE

*Feb 1 22:49:44.218: ISAKMP:(0:2:SW:1):Old State = IKE_P1_COMPLETE  New State = IKE_P1_COMPLETE


*Feb 1 22:49:44.226: ISAKMP (0:134217730): received packet from 192.168.3.10 dport 500 sport 500 Global (R) QM_IDLE
*Feb 1 22:49:44.226: ISAKMP: set new node 1 to QM_IDLE
*Feb 1 22:49:44.230: ISAKMP:(0:2:SW:1): processing HASH payload. message ID = 1
*Feb 1 22:49:44.230: ISAKMP:(0:2:SW:1): processing SA payload. message ID = 1

*Negociación de las políticas de fase 2 (Transform-set)*
*Feb 1 22:49:44.230: ISAKMP:(0:2:SW:1):Checking IPSec proposal 1
*Feb 1 22:49:44.230: ISAKMP: transform 1, ESP_AES
*Feb 1 22:49:44.230: ISAKMP:   attributes in transform:
*Feb 1 22:49:44.230: ISAKMP:    encaps is 2 (Transport)
*Feb 1 22:49:44.230: ISAKMP:    key length is 256
*Feb 1 22:49:44.230: ISAKMP:    authenticator is HMAC-SHA
*Feb 1 22:49:44.230: ISAKMP:    SA life type in seconds
*Feb 1 22:49:44.234: ISAKMP:    SA life duration (VPI) of  0x0 0x0 0xE 0x10
*Feb 1 22:49:44.234: ISAKMP:    SA life type in kilobytes
*Feb 1 22:49:44.234: ISAKMP:    SA life duration (VPI) of  0x0 0x3 0xD0 0x90
*Feb 1 22:49:44.234: ISAKMP:(0:2:SW:1):atts are acceptable.
*Feb 1 22:49:44.234: ISAKMP:(0:2:SW:1): IPSec policy invalidated proposal
*Feb 1 22:49:44.234: ISAKMP:(0:2:SW:1):Checking IPSec proposal 2
*Feb 1 22:49:44.234: ISAKMP: transform 1, ESP_AES
*Feb 1 22:49:44.234: ISAKMP:   attributes in transform:
*Feb 1 22:49:44.238: ISAKMP:    encaps is 2 (Transport)
*Feb 1 22:49:44.238: ISAKMP:    key length is 128
*Feb 1 22:49:44.238: ISAKMP:    authenticator is HMAC-SHA
*Feb 1 22:49:44.238: ISAKMP:    SA life type in seconds
*Feb 1 22:49:44.238: ISAKMP:    SA life duration (VPI) of  0x0 0x0 0xE 0x10
*Feb 1 22:49:44.238: ISAKMP:    SA life type in kilobytes
*Feb 1 22:49:44.238: ISAKMP:    SA life duration (VPI) of  0x0 0x3 0xD0 0x90
*Feb 1 22:49:44.238: ISAKMP:(0:2:SW:1):atts are acceptable.
*Feb 1 22:49:44.238: ISAKMP:(0:2:SW:1): IPSec policy invalidated proposal

*Se encuentra una coincidencia*
*Feb 1 22:49:44.242: ISAKMP:(0:2:SW:1):Checking IPSec proposal 3
*Feb 1 22:49:44.242: ISAKMP: transform 1, ESP_3DES
*Feb 1 22:49:44.242: ISAKMP:   attributes in transform:
*Feb 1 22:49:44.242: ISAKMP:    encaps is 2 (Transport)

*Feb  1 22:49:44.242: ISAKMP:    authenticator is HMAC-SHA
*Feb  1 22:49:44.242: ISAKMP:    SA life type in seconds
*Feb  1 22:49:44.242: ISAKMP:    SA life duration (VPI) of  0x0 0x0 0xE 0x10
*Feb  1 22:49:44.242: ISAKMP:    SA life type in kilobytes
*Feb  1 22:49:44.242: ISAKMP:    SA life duration (VPI) of  0x0 0x3 0xD0 0x90
*Feb  1 22:49:44.242: ISAKMP:(0:2:SW:1):atts are acceptable.
*Feb  1 22:49:44.246: ISAKMP:(0:2:SW:1): processing NONCE payload. message ID = 1
*Feb  1 22:49:44.246: ISAKMP:(0:2:SW:1): processing ID payload. message ID = 1
*Feb  1 22:49:44.246: ISAKMP:(0:2:SW:1): processing ID payload. message ID = 1
*Feb  1 22:49:44.246: ISAKMP:(0:2:SW:1): asking for 1 spis from ipsec
*Feb   1 22:49:44.246: ISAKMP:(0:2:SW:1):Node 1, Input = IKE_MESG_FROM_PEER, IKE_QM_EXCH
*Feb   1 22:49:44.246: ISAKMP:(0:2:SW:1):Old State = IKE_QM_READY  New State = IKE_QM_SPI_STARVE
*Feb  1 22:49:44.250: ISAKMP: received ke message (2/1)
*Feb   1 22:49:44.254: ISAKMP: Locking peer struct 0x83F96024, IPSEC refcount 1 for for stuff_ke

*Se crean las dos conexiones de datos seguras ESP*
*Feb  1 22:49:44.258: ISAKMP:(0:2:SW:1): Creating IPSec SAs
*Feb  1 22:49:44.258:      inbound SA from 192.168.3.10 to 192.168.3.4 (f/i)  0/ 0
     (proxy 192.168.3.10 to 192.168.3.4)
*Feb  1 22:49:44.258:      has spi 0xBB342E57 and conn_id 0 and flags 4
*Feb  1 22:49:44.258:      lifetime of 3600 seconds
*Feb  1 22:49:44.258:      lifetime of 250000 kilobytes
*Feb  1 22:49:44.258:      has client flags 0x0
*Feb  1 22:49:44.258:      outbound SA from 192.168.3.4 to 192.168.3.10 (f/i) 0/0
     (proxy 192.168.3.4 to 192.168.3.10)
*Feb  1 22:49:44.258:      has spi -825132486 and conn_id 0 and flags C
*Feb  1 22:49:44.258:      lifetime of 3600 seconds
*Feb  1 22:49:44.258:      lifetime of 250000 kilobytes
*Feb  1 22:49:44.258:      has client flags 0x0
*Feb  1 22:49:44.262: ISAKMP:(0:2:SW:1): sending packet to 192.168.3.10 my_port 500 peer_port 500 (R) QM_IDLE
*Feb   1 22:49:44.262: ISAKMP:(0:2:SW:1):Node 1, Input = IKE_MESG_FROM_IPSEC, IKE_SPI_REPLY
*Feb  1 22:49:44.262: ISAKMP:(0:2:SW:1):Old State = IKE_QM_SPI_STARVE  New State = IKE_QM_R_QM2
*Feb   1 22:49:44.266: ISAKMP: Locking peer struct 0x83F96024, IPSEC refcount 2 for from create_transforms

*Feb   1   22:49:44.266:   ISAKMP:   Unlocking   IPSEC   struct   0x83F96024   from create_transforms, count 1
*Feb   1 22:49:44.278: ISAKMP (0:134217730): received   packet   from   192.168.3.10 dport 500 sport 500 Global (R) QM_IDLE
*Feb   1 22:49:44.282: ISAKMP:(0:2:SW:1):deleting node 1 error FALSE reason "QM done (await)"
*Feb   1 22:49:44.282: ISAKMP:(0:2:SW:1):Node 1, Input = IKE_MESG_FROM_PEER, IKE_QM_EXCH

*Se completa la fase 2. La conexión IPsec está creada.*
*Feb  1 22:49:44.282: ISAKMP:(0:2:SW:1):Old State = IKE_QM_R_QM2   New State = IKE_QM_PHASE2_COMPLETE

*Se inicia la negociación PPP. Esta es igual que la analizada en la sección PPTP*
*Feb 1 22:49:44.306: ppp2 PPP: Send Message[Dynamic Bind Response]
*Feb 1 22:49:44.306: ppp2 PPP: Using vpn set call direction
*Feb 1 22:49:44.306: ppp2 PPP: Treating connection as a callin
*Feb 1 22:49:44.306: ppp2 PPP: Session handle[D1000004] Session id[2]
*Feb 1 22:49:44.306: ppp2 PPP: Phase is ESTABLISHING, Passive Open
*Feb 1 22:49:44.306: ppp2 LCP: State is Listen
*Feb 1 22:49:44.446: ppp2 LCP: I CONFREQ [Listen] id 0 len 21
*Feb 1 22:49:44.446: ppp2 LCP:   MRU 1400 (0x01040578)
*Feb 1 22:49:44.446: ppp2 LCP:   MagicNumber 0x400B626F (0x0506400B626F)
*Feb 1 22:49:44.446: ppp2 LCP:   PFC (0x0702)
*Feb 1 22:49:44.446: ppp2 LCP:   ACFC (0x0802)
*Feb 1 22:49:44.446: ppp2 LCP:   Callback 6  (0x0D0306)
*Feb 1 22:49:44.450: ppp2 LCP: O CONFREQ [Listen] id 1 len 15
*Feb 1 22:49:44.450: ppp2 LCP:   AuthProto CHAP (0x0305C22305)
*Feb 1 22:49:44.450: ppp2 LCP:   MagicNumber 0x124A26C6 (0x0506124A26C6)
*Feb 1 22:49:44.450: ppp2 LCP: O CONFREJ [Listen] id 0 len 7
*Feb 1 22:49:44.450: ppp2 LCP:   Callback 6  (0x0D0306)
*Feb 1 22:49:44.458: ppp2 LCP: I CONFACK [REQsent] id 1 len 15
*Feb 1 22:49:44.458: ppp2 LCP:   AuthProto CHAP (0x0305C22305)
*Feb 1 22:49:44.462: ppp2 LCP:   MagicNumber 0x124A26C6 (0x0506124A26C6)
*Feb 1 22:49:44.462: ppp2 LCP: I CONFREQ [ACKrcvd] id 1 len 18
*Feb 1 22:49:44.462: ppp2 LCP:   MRU 1400 (0x01040578)
*Feb 1 22:49:44.462: ppp2 LCP:   MagicNumber 0x400B626F (0x0506400B626F)
*Feb 1 22:49:44.462: ppp2 LCP:   PFC (0x0702)
*Feb 1 22:49:44.462: ppp2 LCP:   ACFC (0x0802)
*Feb 1 22:49:44.462: ppp2 LCP: O CONFNAK [ACKrcvd] id 1 len 8

*Feb 1 22:49:44.462: ppp2 LCP:    MRU 1500 (0x010405DC)
*Feb 1 22:49:44.474: ppp2 LCP: I CONFREQ [ACKrcvd] id 2 len 18
*Feb 1 22:49:44.474: ppp2 LCP:    MRU 1400 (0x01040578)
*Feb 1 22:49:44.474: ppp2 LCP:    MagicNumber 0x400B626F (0x0506400B626F)
*Feb 1 22:49:44.474: ppp2 LCP:    PFC (0x0702)
*Feb 1 22:49:44.474: ppp2 LCP:    ACFC (0x0802)
*Feb 1 22:49:44.474: ppp2 LCP: O CONFNAK [ACKrcvd] id 2 len 8
*Feb 1 22:49:44.474: ppp2 LCP:    MRU 1500 (0x010405DC)
*Feb 1 22:49:44.482: ppp2 LCP: I CONFREQ [ACKrcvd] id 3 len 18
*Feb 1 22:49:44.482: ppp2 LCP:    MRU 1500 (0x010405DC)
*Feb 1 22:49:44.482: ppp2 LCP:    MagicNumber 0x400B626F (0x0506400B626F)
*Feb 1 22:49:44.482: ppp2 LCP:    PFC (0x0702)
*Feb 1 22:49:44.482: ppp2 LCP:    ACFC (0x0802)
*Feb 1 22:49:44.482: ppp2 LCP: O CONFACK [ACKrcvd] id 3 len 18
*Feb 1 22:49:44.482: ppp2 LCP:    MRU 1500 (0x010405DC)
*Feb 1 22:49:44.486: ppp2 LCP:    MagicNumber 0x400B626F (0x0506400B626F)
*Feb 1 22:49:44.486: ppp2 LCP:    PFC (0x0702)
*Feb 1 22:49:44.486: ppp2 LCP:    ACFC (0x0802)
*Feb 1 22:49:44.486: ppp2 LCP: State is Open
*Feb 1 22:49:44.486: ppp2 PPP: Phase is AUTHENTICATING, by this end
*Feb 1 22:49:44.486: ppp2 CHAP: O CHALLENGE id 1 len 25 from "l2tp"
*Feb 1 22:49:44.499: ppp2 LCP: I IDENTIFY [Open] id 4 len 18 magic 0x400B626F
MSRASV5.20
*Feb 1 22:49:44.499: ppp2 LCP: I IDENTIFY [Open] id 5 len 28 magic 0x400B626F
MSRAS-0-GUILLER_PORT
*Feb 1 22:49:44.499: ppp2 LCP: I IDENTIFY [Open] id 6 len 24 magic 0x400B626F
W[)uI6YC 25cZNQP
*Feb 1 22:49:44.507: ppp2 CHAP: I RESPONSE id 1 len 28 from "guiller"
*Feb 1 22:49:44.507: ppp2 PPP: Phase is FORWARDING, Attempting Forward
*Feb 1 22:49:44.511: ppp2 PPP: Phase is AUTHENTICATING, Unauthenticated User
*Feb 1 22:49:44.511: ppp2 PPP: Phase is FORWARDING, Attempting Forward
*Feb 1 22:49:44.511: ppp2 PPP: Send Message[Connect Local]
*Feb 1 22:49:44.519: ppp2 PPP: Bind to [Virtual-Access2.1]
*Feb 1 22:49:44.519: Vi2.1 PPP: Send Message[Static Bind Response]
*Feb 1 22:49:44.523: Vi2.1 PPP: Phase is AUTHENTICATING, Authenticated User
*Feb 1 22:49:44.527: Vi2.1 CHAP: O SUCCESS id 1 len 4
*Feb 1 22:49:44.527: Vi2.1 PPP: Phase is UP
*Feb 1 22:49:44.527: Vi2.1 IPCP: O CONFREQ [Closed] id 1 len 10
*Feb 1 22:49:44.527: Vi2.1 IPCP:    Address 192.168.15.1 (0x0306C0A80F01)
*Feb 1 22:49:44.527: Vi2.1 PPP: Process pending ncp packets

*Feb 1 22:49:44.547: Vi2.1 IPV6CP: I CONFREQ [Not negotiated] id 7 len 14
*Feb 1 22:49:44.547: Vi2.1 IPV6CP: Interface-Id 441A:545A:0035:0EBE (0x010A441A545A00350EBE)
*Feb 1 22:49:44.547: Vi2.1 LCP: O PROTREJ [Open] id 2 len 20 protocol IPV6CP (0x80570107000E010A441A545A00350EBE)
*Feb 1 22:49:44.551: Vi2.1 IPCP: I CONFREQ [REQsent] id 8 len 34
*Feb 1 22:49:44.551: Vi2.1 IPCP: Address 0.0.0.0 (0x030600000000)
*Feb 1 22:49:44.551: Vi2.1 IPCP: PrimaryDNS 0.0.0.0 (0x810600000000)
*Feb 1 22:49:44.551: Vi2.1 IPCP: PrimaryWINS 0.0.0.0 (0x820600000000)
*Feb 1 22:49:44.551: Vi2.1 IPCP: SecondaryDNS 0.0.0.0 (0x830600000000)
*Feb 1 22:49:44.551: Vi2.1 IPCP: SecondaryWINS 0.0.0.0 (0x840600000000)
*Feb 1 22:49:44.551: Vi2.1 AAA/AUTHOR/IPCP: Start. Her address 0.0.0.0, we want 0.0.0.0
*Feb 1 22:49:44.551: Vi2.1 AAA/AUTHOR/IPCP: Done. Her address 0.0.0.0, we want 0.0.0.0
*Feb 1 22:49:44.551: Vi2.1 IPCP: Pool returned 192.168.15.2
*Feb 1 22:49:44.555: Vi2.1 IPCP: O CONFREJ [REQsent] id 8 len 28
*Feb 1 22:49:44.555: Vi2.1 IPCP: PrimaryDNS 0.0.0.0 (0x810600000000)
*Feb 1 22:49:44.555: Vi2.1 IPCP: PrimaryWINS 0.0.0.0 (0x820600000000)
*Feb 1 22:49:44.555: Vi2.1 IPCP: SecondaryDNS 0.0.0.0 (0x830600000000)
*Feb 1 22:49:44.555: Vi2.1 IPCP: SecondaryWINS 0.0.0.0 (0x840600000000)
*Feb 1 22:49:44.555: Vi2.1 IPCP: I CONFACK [REQsent] id 1 len 10
*Feb 1 22:49:44.555: Vi2.1 IPCP: Address 192.168.15.1 (0x0306C0A80F01)
*Feb 1 22:49:44.567: Vi2.1 IPCP: I CONFREQ [ACKrcvd] id 9 len 10
*Feb 1 22:49:44.567: Vi2.1 IPCP: Address 0.0.0.0 (0x030600000000)
*Feb 1 22:49:44.567: Vi2.1 IPCP: O CONFNAK [ACKrcvd] id 9 len 10
*Feb 1 22:49:44.567: Vi2.1 IPCP: Address 192.168.15.2 (0x0306C0A80F02)
*Feb 1 22:49:44.575: Vi2.1 IPCP: I CONFREQ [ACKrcvd] id 10 len 10
*Feb 1 22:49:44.575: Vi2.1 IPCP: Address 192.168.15.2 (0x0306C0A80F02)
*Feb 1 22:49:44.575: Vi2.1 IPCP: O CONFACK [ACKrcvd] id 10 len 10
*Feb 1 22:49:44.575: Vi2.1 IPCP: Address 192.168.15.2 (0x0306C0A80F02)

*Termina satisfactoriamente la negociación PPP y se crea una ruta para el usuario remoto 192.168.15.2*
*Feb 1 22:49:44.575: Vi2.1 IPCP: State is Open
*Feb 1 22:49:44.579: Vi2.1 IPCP: Install route to 192.168.15.2
*Feb 1 22:49:45.220: ISAKMP:(0:1:SW:1):purging node -565433192
*Feb 1 22:49:45.224: ISAKMP:(0:1:SW:1):purging node -461258896
*Feb 1 22:49:55.244: ISAKMP:(0:1:SW:1):purging SA., sa=83ACC6D8, delme=83ACC6D8no deb

### Configuración de la conexión de cliente en Windows

Una vez configurado el router vamos a proceder a crear la conexión L2TP en nuestro PC que corre un sistema operativo Windows 8.1. De esta manera podremos conectarnos a la red que está detrás del router que acabamos de configurar y que interpretará el roll de LNS. En este caso nuestro equipo hará las veces de equipo remoto y LAC

1.- Para ello nos dirigimos al centro de red y recursos compartidos y hacemos clic en "set up a new connection or network".

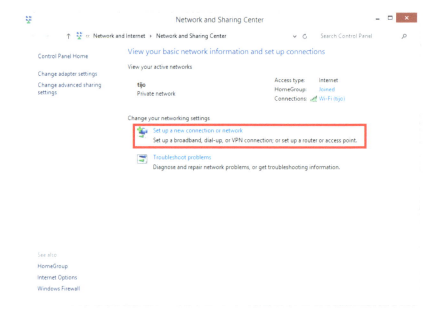

2.- En la ventana que se abre seleccionamos la opción "Connect to a workplace" y presionamos Next

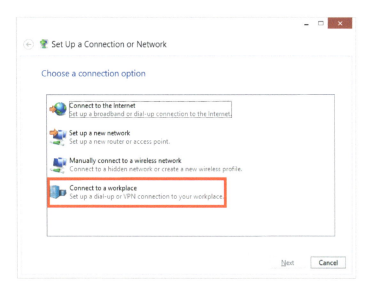

3.- Utilizaremos nuestra conexión a internet en lugar de marcar un número

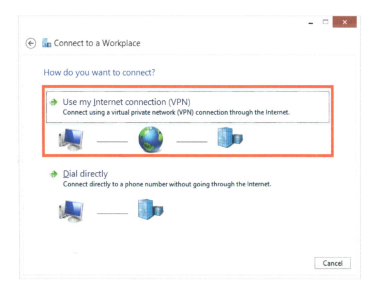

4.- Rellenamos el recuadro con la dirección IP del LNS (Router que hemos configurado previamente). También podemos añadir un nombre a la conexión rellenando el campo "Destination name". Además podemos recordar nuestras credenciales marcando la casilla "Remember my credentials", aunque esto podría comprometer la seguridad de la red en el caso de que nuestro equipo sea robado o nuestra sesión de usuario sea usada por varias personas.

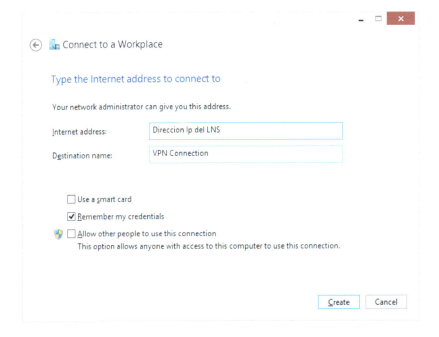

5.- Nos vamos a la configuración de los adaptadores y pulsando el botón derecho sobre el interface que acabamos de crear sacamos el menú desplegable que nos permitirá acceder a sus propiedades. Dentro de ellas nos dirigimos a la pestaña "Security" y elegimos L2TP en el desplegable "tipo de VPN". También tenemos que activar la casilla "Allow these protocols" y seleccionar MS-CHAPv2

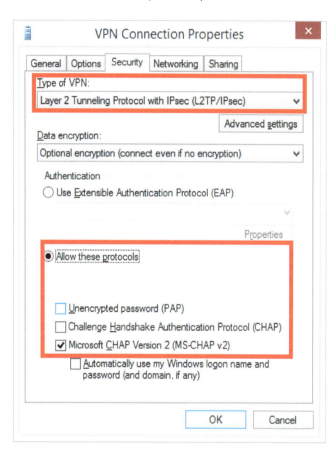

6.- Después hacemos clic en el botón "Advanced settings" y dentro de él marcamos "Use preshared key". En la casilla que se activa debemos escribir la misma clave que usamos en el router para la autenticación IKE. Es decir la clave ISAKMP que creamos.

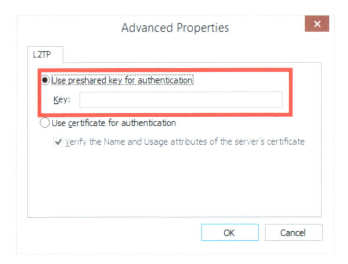

Con esto estaría la configuración terminada. Si ahora pulsamos el botón derecho sobre esa misma conexión y elegimos conectar, se iniciará la conexión y nos preguntará mediante una ventana de dialogo nuestro usuario y contraseña. Deberemos introducir unos de los usuarios de la base de datos creada en el router y su correspondiente password. Una vez conectado, todo el tráfico se dirigirá a través de ese interface VPN, por lo que si queremos navegar tenemos dos opciones: Cambiar la tabla de routing de nuestro Windows mediante el comando "route.exe" o hacer que nuestro virtual-interface conste como parte "inside" del NAT. Para eso añadiríamos el comando *Ip nat inside* dentro de la configuración del interface Virtual-template asociado a nuestro grupo VPDN. Si optásemos por la primera opción lo que conseguiríamos es que parte del tráfico no pasase por el interface VPN sino que saldría por nuestra red local camino a nuestra puerta de enlace predeterminada.

# FIN

## FDO: Guillermo Marqués

www.ingramcontent.com/pod-product-compliance
Lightning Source LLC
Chambersburg PA
CBHW041148050326
40689CB00001B/529